Todos los libros de Linkgua Ediciones cuentan con modelos de Inteligencia Artificial entrenados por hispanistas. Pregúntale al chat de tu libro lo que desees acerca de la obra o su autor/a.

Para ebooks: Accede a nuestro modelo de IA a través de un enlace.

Para libros impresos: Escanea el código QR de la portada con tu dispositivo móvil.

Obtén análisis detallados de nuestros libros, resúmenes, respuestas a tus preguntas y accede a nuestras ediciones críticas generativas para una experiencia de lectura más enriquecedora.
La transparencia y el respeto hacia la autoría de las fuentes utilizadas son distintivos básicos de nuestro proyecto. Por ello, las respuestas ofrecen, mediante un sistema de citas, las fuentes con las que han sido elaboradas.

Juan Prim

Código negro

Barcelona 2025
Linkgua-ediciones.com

Créditos

Título original: Código negro.

e-mail: info@linkgua.com

Diseño de cubierta: Michel Mallard.

ISBN rústica ilustrada: 978-84-1126-827-1.
ISBN ebook: 978-84-9953-903-4.

Sumario

Brevísima presentación

Se llamó Código Negro a un conjunto de medidas de castigo para las personas de raza negra emitidas temporalmente en situaciones de emergencia. Los Códigos Negros se aplicaron en las colonias españolas. El presente se promulgó en Puerto Rico, por Juan Prim, entonces gobernador de la isla. Este código pretendió prevenir las rebeliones de esclavos.

El Código Negro de Prim seguía una larga tradición de medidas racistas y represivas en contra de la raza africana en Puerto Rico. En el año 1812, Salvador Meléndez y Bruna, entonces gobernador de Puerto Rico, prohibió el mero hecho de promover la abolición de esclavitud, entre otras represalias mucho más duras. Parecía existir un miedo a una rebelión o revolución masiva de negros.

El militar español Juan Prim fue nombrado capitán general de Puerto Rico en octubre de 1847. Su mando duró solamente hasta julio de 1848, pero fue suficiente para implementar este temible y terrible «Código Negro». Con él Prim, mediante duras represalias, intentó impedir la sublevación de los esclavos puertorriqueños.

El Código negro de Prim autorizaba a los dueños de esclavos el castigarlos a su gusto, en casos de intento de escape, pues servía para

> evitar que los demás sigan su ejemplo.

El sistema tenía que proteger la supremacía blanca. Esto significa que todos los negros, no solamente los esclavos, estaban bajo control legal pues eran una amenaza. Prim comienza estableciendo penas a los delitos que

> cometan los individuos de raza africana residentes en la isla, sean libres o esclavos.

Esta primera referencia establece con claridad que no se trata de un sistema de control de los esclavos solamente. Los negros libres también estarían sometidos al control colonial.

El artículo primero, establece que los delitos cometidos por «individuos de raza africana» se juzgarían en un tribunal militar con jurisdicción exclusiva. Este aspecto deja claro que el esclavo o el libre no es un ciudadano, miembro del cuerpo político.

El artículo segundo, establece que si un «individuo de raza africana» libre o esclavo, «hiciere armas contra los blancos» será «pasado por las armas». Debemos notar que Prim ordena que, si un negro usa armas contra los blancos sea ejecutado, sin importar si su acto se justifica.

Según este bando el uso de armas por parte del esclavo contra el blanco «justificada que sea la agresión» suponía la pena de muerte.

Cuando se tratase de un negro libre, se aplicaría la mutilación como castigo. El bando de Prim establece que si el agresor fuere libre «se le cortará la mano derecha». Sin embargo, este mismo documento establece que si el blanco fuera herido por el negro, entonces se aplicará la pena de muerte.

El Código Negro de Prim pone en evidencia el poder de la supremacía blanca que se construyó sobre la exclusión y deshumanización del negro. También pone en evidencia las profundas conexiones entre la supremacía blanca y el colonialismo.

I

El «Bando Negro» o «Código Negro». Mayo 31 de 1848.

Gaceta del Gobierno de Puerto Rico. Núm. 67. Junio 3 de 1848.

Preliminar al bando
Habitantes de la isla de Puerto Pico: Por la goleta francesa Argos, que procedente de Martinica, ha fondeado hoy en el puerto de esta Capital, han llegado a mi noticia los gravísimos acontecimientos ocurridos en las Colonias de Franceses de la Martinica y de la Guadalupe, a consecuencia de los últimos decretos del Gobierno provisional de dicha nación, sobre la emancipación de los esclavos de sus Colonias.

Los infelices emigrados conducidos por el expresado buque, que abandonando sus familias e intereses vienen a esta Isla a buscar la seguridad y protección que no han podido encontrar en su país, son el testimonio más evidente del estado lamentable en que se ven aquellas Colonias, y de la ferocidad estúpida de la raza africana, que no sabiendo ni pudiendo apreciar la gracia que su gobierno les ha concedido, muestra su reconocimiento entregándose a los sentimientos que les son naturales; el incendio, el asesinato y la destrucción. Felizmente se halla esta Isla en circunstancias muy diversas por todos conceptos; mas como la noticia del arribo del expresado buque habrá circulado por esta Capital y pronto se difundirá por toda la Isla, con las ampliaciones y comentarios exagerados, que son consiguientes en tales casos, deber mío es persuadiros a que desechéis los temores que semejante noticia pueda infundir en nuestros ánimos, y aseguraros que vuestro Capitán General vela constantemente por el sostenimiento del orden y tranquilidad del territorio que la Reina Nuestra Señora (Q. D. G.) se dignó confiarle así como por la seguridad de vuestras personas e intereses.

Con este objeto, y por si acaso se propagasen a las islas Danesas de Santa Cruz y St. Thomas, algunas chispas del incendio que devora a las francesas; he dispuesto parta hoy mismo uno de mis Ayudantes de Campo a ofrecer en mi nombre al Gobernador general de ellas los eficaces auxilios de fuerza armada de que pudiere necesitar en tan desgraciado evento, para exterminar los malvados que intentasen la ruina de aquellas posesiones. Habitantes de Puerto Rico, estad tranquilos, confiad en la bizarría de los soldados españoles y en el valor de vuestro Capitán General.

Puerto Rico, 31 de Mayo de 1848
El Conde de Reus

II

Don Juan Prim, primer conde de Reus,

Gran Cruz de la Real y Militar Orden de San Fernando, condecorado con otras varias por acciones de guerra, mariscal de campo de los Reales Ejércitos, Gobernador, Capitán General, Jefe superior Político, Presidente de la Real Audiencia Territorial de la Isla de Puerto Rico, del Excelentísimo Ayuntamiento de su capital, y de la Asamblea Provincial de la Real Orden Americana de Isabel la Católica, Viceprotector de la Sociedad Económica de Amigos del País, Subdelegados de Correos, y Vicepatrono Real de la propia Isla.

Las críticas circunstancias de los tiempos y la situación aflictiva en que se hallan casi todos los países inmediatos a esta Isla; unos trabajados por la guerra civil a causa de sus instituciones, y otros por una lucha de exterminio entre las razas, me obligan a dictar medidas eficaces para prevenir que se introduzcan en nuestro suelo pacífico y leal estas calamidades que afligen a nuestros vecinos y que con toda sinceridad lamentamos, así como a establecer penas para castigar pronta y severamente los delitos que en el propio sentido pudieran cometerse entre nosotros. Al efecto, y usando de los extraordinarios poderes con que S. M. la Reina Nuestra Señora (Q. D. G.) se ha dignado autorizarme para cuando la seguridad del territorio o de sus pacíficos habitantes lo reclamare, he venido en decretar lo siguiente:

Artículo 1.° Los delitos de cualquiera especie que desde la publicación de este Bando cometan los individuos de raza africana residentes en la Isla, sean libres o esclavos, serán juzgados y penados militarmente por un Consejo de guerra que esta Capitanía general nombrará para los casos que ocurran, con absoluta inhibición de cualquier otro Tribunal.

Artículo 2.° Todo individuo de raza africana, sea libre o esclavo, que hiciere armas contra los blancos, justificada que sea la agresión, será, si fuese esclavo, pasado por las armas, y si libre, se le cortará la mano derecha por el verdugo; pero si resultare herida será pasado por las armas.

Artículo 3.° Si un individuo de raza africana, sea esclavo o libre, insultare de palabra, maltratare o amenazare con palo, piedra o en otra forma que convenza su ánimo deliberado de ofender a la gente blanca en su persona, será el agresor condenado a cinco años de presidio si fuere esclavo, y si libre, a la pena que a las circunstancias del hecho corresponda, previa justificación de él.

Artículo 4.° Los dueños de los esclavos quedan autorizados en virtud de este Bando para corregir y castigar a estos por las faltas leves que cometieren, sin que funcionario alguno, sea militar o civil, se entrometa a conocer del hecho, porque solo a mi Autoridad competirá en caso necesario juzgar la conducta de los señores respecto de sus esclavos.

Artículo 5.° Si aunque no es de esperar, algún esclavo se sublevare contra su señor y dueño, queda este facultado para dar muerte en el acto a aquel, a fin de evitar con este castigo pronto e imponente que los demás sigan el ejemplo.

Artículo 6.° A los Comandantes militares de los ocho Departamento de la Isla, corresponderá formar las primeras diligencias para averiguar los delitos que cometan los individuos de raza africana contra la seguridad pública o contra las personas y las cosas; procurando que el procedimiento sea tan sumario y breve que jamás exceda del improrrogable término de veinticuatro horas. Instruido el sumario, lo dirigirán a mi Autoridad por el inmediato correo, a fin de dictar en su vista sentencia que corresponda con el tenor de las penas establecidas en este Bando.

Y para que llegue a noticia de todos los habitantes, y nadie pueda alegar ignorancia, he resuelto que se publique por Bando en esta Capital, que se fije en los parajes públicos de ella y de los demás pueblos de la Isla, y que además se inserte en la Gaceta de

Gobierno para que se cumpla en todas sus partes y no se contravenga en manera alguna.

Puerto Rico, 31 de mayo de 1848.
El Conde de Reus
José Estevan, secretario

III

Nuevo bando del gobernador don Juan Prim, conde de Reus aclarando el anterior

De la Gaceta de Gobierno, 9 de Junio de 1848
Capitanía General de las Isla de Puerto Rico. Habiéndose capacitado algunas dudas la verdadera inteligencia del Artículo 1.° del Bando expedido por esta Capitanía general en 31 de Mayo próximo pasado, publicado en la Capital y demás pueblos de la Isla, estableciendo las penas en que incurrirán los individuos de raza africana, bien sean libres o esclavos, por los delitos que cometan contra sus dueños, o en ofensa de cualquiera persona blanca, he tenido por conveniente, a fin de ilustrarlas y que en su aplicación no ocurra la menor dificultad, decretar lo siguiente:

Artículo 1.° Los delitos a que se contrae el Artículo 1.° del Bando del 31 de Mayo son todos aquellos que puedan cometer los precitados individuos contra las personas blancas, según se expresa en los artículos 2.°, 3.° y 5.° del precitado Bando, y también los que perpetren contra las propiedades, de un modo tal, que de su ejecución pueda alterarse la tranquilidad pública, así como todo aquello en que esta se interese.

Artículo 2.° Los individuos de esta clase que solos o acompañados cometieren a mano armada cualquier robo en despoblado, sea en personas blancas o de color, o en casas situadas también en despoblado, de cualquier modo que fuere, serán juzgados y castigados por el Consejo de Guerra que previene el Artículo 1.° del repetido Bando.

Artículo 3.° Del mismo modo lo será aquel o aquellos que incendien cualquiera finca rural o urbana, cañaverales u otras siembras, sean quienes fueren sus dueños.

Artículo 4.° Cuando dos o más personas de color, libres o esclavos, riñan entre sí en calles o sitios públicos, pero sin hacer uso de otras armas que las manos, aunque de la riña resultaren heridas leves, sufrirán los esclavos 25 azotes, entregándoles enseguida a su amo ; y los libres 15 días de trabajos en los caminos públicos o 25 pesos de multa.

Artículo 5.° Si la riña se verificare con palo o piedra por todos o algunos de los contrincantes, aunque de ella resulten heridas leves, el que fuere esclavo sufrirá la pena de 50 azotes, y será entregado inmediatamente a su amo, y el libre un mes de trabajos en los caminos, redimible con 50 pesos de multa; pero si resultaren heridas graves se impondrán al esclavo 6 años de presidio, y 4 al que fuere libre.

Artículo 6.° Si la riña se verificare con armas de fuego o blancas, y solo resultaren heridas leves, el que fuere esclavo sufrirá 8 años de presidio, y 6 el libre ; mas si las heridas fueren graves será castigado el esclavo con 10 años de presidio, y con 8 el que fuere libre. En caso de muerte o mutilación de miembro, el agresor sin distinción será castigado de muerte.

Artículo 7.° El que faltare a la obediencia o respeto debido a las autoridades y funcionarios públicos, sufrirá la pena arbitraria que según la gravedad del caso y condición del delincuente corresponda.

Artículo 8.° El esclavo que hurtase hasta el valor de ocho reales, sea en metálico o en efectos, será entregado a su amo para que le corrija, y este satisfará al propietario.

Artículo 9.° El esclavo que hurtase desde ocho reales hasta ochenta, sufrirá 200 azotes en tandas proporcionadas, y será entregado a su dueño.

Artículo 10. Si hurtase mayor cantidad se instruirá el competente sumario y se dará cuenta a esta Capitanía general para la resolución que corresponda.

Artículo 11. Siempre que en cualquiera desorden, o tumulto donde hubiere reunión de personas se presentare alguna autoridad o funcionario público para contenerlo, todo el que corriere y no permaneciere firme en el sitio en que se encuentre al invocar aquel el nombre augusto de S.M., diciendo POR LA REINA deténganse o esténse quietos etc., será aprehendido y puesto a disposición de la autoridad militar para ser juzgado y castigado por el Consejo de Guerra, según la gravedad del caso y circunstancias de delincuente.

Artículo 12. Los demás delitos comunes, tales como incesto, estupro, estafa, fraude, falsificación etc., etc., cometidos por individuos de raza africana, en que no pueda interesarse el orden y tranquilidad pública, continuarán como hasta aquí sujetos al conocimiento de los Tribunales competentes.

Artículo 13. Los Comandantes departamentales y a sus órdenes los de Cuartel, quedan encargados del cumplimiento de los precedentes artículos en cuanto a las penas leves, dando después el debido conocimiento a esta Capitanía general; pues en cuanto a asegurar los culpables, formar los procedimientos para averiguar las que puedan producir presidio o pena capital, solo les toca los delitos, y remitir las actuaciones a mi Autoridad para los efectos que fuesen de justicia.

Todo lo que comunico a usted para su inteligencia y puntual cumplimiento en la parte que le toque. Dios guarde a usted muchos años.

Puerto Rico 9 de Junio de 1848. El Conde de Reus Sr...
Juan Prim

Libros a la carta

A la carta es un servicio especializado para
empresas,
librerías,
bibliotecas,
editoriales
y centros de enseñanza;

y permite confeccionar libros que, por su formato y concepción, sirven a los propósitos más específicos de estas instituciones.

Las empresas nos encargan ediciones personalizadas para marketing editorial o para regalos institucionales. Y los interesados solicitan, a título personal, ediciones antiguas, o no disponibles en el mercado; y las acompañan con notas y comentarios críticos.

Las ediciones tienen como apoyo un libro de estilo con todo tipo de referencias sobre los criterios de tratamiento tipográfico aplicados a nuestros libros que puede ser consultado en Linkgua-ediciones.com.

Linkgua edita por encargo diferentes versiones de una misma obra con distintos tratamientos ortotipográficos (actualizaciones de carácter divulgativo de un clásico, o versiones estrictamente fieles a la edición original de referencia).

Este servicio de ediciones a la carta le permitirá, si usted se dedica a la enseñanza, tener una forma de hacer pública su interpretación de un texto y, sobre una versión digitalizada «base», usted podrá introducir interpretaciones del texto fuente. Es un tópico que los profesores denuncien en clase los desmanes de una edición, o vayan comentando errores de interpretación de un texto y esta es una solución útil a esa necesidad del mundo académico.

Asimismo publicamos de manera sistemática, en un mismo catálogo, tesis doctorales y actas de congresos académicos, que son distribuidas a través de nuestra Web.

El servicio de «libros a la carta» funciona de dos formas.

1. Tenemos un fondo de libros digitalizados que usted puede personalizar en tiradas de al menos cinco ejemplares. Estas personalizaciones pueden ser de todo tipo: añadir notas de clase para uso de un grupo de estudiantes, introducir logos corporativos para uso con fines de marketing empresarial, etc. etc.

2. Buscamos libros descatalogados de otras editoriales y los reeditamos en tiradas cortas a petición de un cliente.

Printed in Poland
by Amazon Fulfillment
Poland Sp. z o.o., Wrocław